Nach den seit 1.8.2006 verbindlichen Rechtschreibregeln.

Bibliografische Information der Deutschen Nationalbibliothek
Die Deutsche Nationalbibliothek verzeichnet diese Publikation
in der Deutschen Nationalbibliografie;
detaillierte bibliografische Daten sind im Internet
über http://dnb.ddb.de abrufbar.

Redaktionelle Leitung: Eva Günkinger
Lektorat: Sophia Marzolff
Fachberatung: Ulrike Holzwarth-Raether
Herstellung: Claudia Rönsch
Layout: Michelle Vollmer, Mainz
Satz: Cornelia Rößler, Mainz
Illustration Lesedetektive: Barbara Scholz
Umschlaggestaltung: Mischa Acker
Printed in Malaysia
ISBN 978-3-411-70814-7

Lesedetektive

Die Schildkröte im Klassenzimmer

Luise Holthausen
mit Bildern von Fabian und Christian Jeremies

Dudenverlag
Mannheim · Leipzig · Wien · Zürich

Endlich ist Malin
ein Schulkind!
Seit einer Woche geht sie
in die erste Klasse.

Heute gibt Frau Klein
eine lustige Hausaufgabe auf:
„Bringt euer liebstes
Kuscheltier mit“, sagt sie.

„Und in der nächsten Stunde
erzählt jeder eine Geschichte.
Über sich
und sein Kuscheltier.“

„Ich bringe
meinen Teddy mit“,
sagt Dina auf dem Heimweg.

1. Fall: In welchem Satz stehen alle Wörter richtig?

☐ Mal|in|istein|
Schu|lkind.

„Ich meinen Affen“,
ruft Murat.
„Und ich meine Strickschlange“,
fällt Leni ein.

Sie|geht|in|die|
erste|Klasse.

Esg|ibt|haus|
aufgaben.

Zu Hause schaut Malin sich ratlos im Zimmer um.
Am liebsten hat sie eigentlich ihre Kuscheldecke.

Aber die ist schon
so alt und abgeschabt.
So was kann sie doch nicht
in die Schule mitnehmen!

Da hört sie
ein Rascheln.
Emma wandert
durch ihren Käfig.

Emma ist ihre Schildkröte.
Und da hat Malin auf einmal
eine Idee …

Am nächsten Tag
machen sie in der Schule
einen Stuhlkreis.

Vor ihnen
in der Mitte
sitzen alle Kuscheltiere
auf einer Decke:

Dinas Teddy, Murats Affe,
Lenis Strickschlange
und sogar eine Schildkröte
aus Stoff.

„Mein Teddy ist mal
in die Badewanne gefallen“,
erzählt Dina.

Lenis Schlange fährt
immer mit ihr Fahrrad.
Und Murats Affe ist sogar
schon in die Türkei gereist!

2. Fall: Wohin ist Murats Affe schon gereist?

nach Turku

Dann ist Malin dran.
Ihr Ranzen ist umgefallen
und die Klappe aufgegangen.
Sie greift hinein.

nach Tunesien

in die Türkei

Aber nur etwas Streu
kommt heraus.
„Emma ist weg!“,
ruft Malin.

„Heißt Emma
dein liebstes Kuscheltier?“,
fragt Frau Klein.

„Emma heißt meine Schildkröte“,
schluchzt Malin.
„Sie ist eine echte Schildkröte
und mein allerliebstes Tier!“

Sofort springen
alle Kinder auf.
Sie wollen Malin
suchen helfen.

„Nicht so laut!“,
ruft Frau Klein.
Aber niemand
hört auf sie.

Alle Kinder toben
durch den Klassenraum.
Dina wühlt im Papierkorb.
Murat durchsucht die Regale.

Leni robbt auf dem Bauch
unter den Bänken herum.
Und Malin schaut
in alle Schulranzen.

3. Fall: Was stimmt?
Die Kinder suchen
Emma sogar

○ hinter
dem Schrank.

Ein paar Kinder wollen sogar
den Schrank wegrücken!
Das macht einen Höllenlärm.

○ im
Schrank.

○ auf
dem Schrank.

Plötzlich geht die Tür auf.
Der Rektor kommt herein.
„Was ist denn hier los?“,
fragt er erstaunt.

„Malins Tier ist weg“,
schallt es ihm entgegen.
„Meine Schildkröte Emma“,
ergänzt Malin.

„Aber da sitzt doch
eine Schildkröte“,
sagt der Rektor und
deutet auf die Kuscheltiere.

„Die ist nur aus Stoff“,
lacht Murat.
„Und Emma ist
ein echtes Tier.“

Doch Malin bekommt
ganz große Augen.
Denn da sitzt nicht nur
eine Schildkröte.

Neben ihr sitzt auch noch
eine zweite
und die bewegt ihren Kopf.
Emma ist wieder da!

Was sagst du dazu?

Erzähle die Geschichte von deinem Kuscheltier. Male es!

Schicke uns deine Geschichte oder dein Bild! Als Dankeschön verlosen wir unter den Einsendern zweimal jährlich tolle Buchpreise aus unserem aktuellen Programm! Eine Auswahl der Einsendungen veröffentlichen wir außerdem unter www.lesedetektive.de.

Duden-Lesedetektive: Leseförderung mit System

1. Klasse • 32 Seiten, gebunden

- Finn und Lili auf dem Bauernhof • ISBN 978-3-411-70782-9
- Nuri und die Ziegenfüße • ISBN 978-3-411-70785-0
- Eine unheimliche Nacht • ISBN 978-3-411-70788-1
- Franzi und das falsche Pferd • ISBN 978-3-411-70790-4
- Ein ganz besonderer Ferientag • ISBN 978-3-411-70795-9
- Das gefundene Geld • ISBN 978-3-411-70799-7
- Amelie lernt hexen • ISBN 978-3-411-70804-8
- Das Picknick im Wald • ISBN 978-3-411-70809-3
- Die Schildkröte im Klassenzimmer • ISBN 978-3-411-70814-7
- Ein Bär reißt aus • ISBN 978-3-411-70815-4

2. Klasse • 32 Seiten, gebunden

- Die Prinzessin im Supermarkt • ISBN 978-3-411-70786-7
- Auf der Suche nach dem verschwundenen Hund • ISBN 978-3-411-70783-6
- Emil und der neue Tacho • ISBN 978-3-411-70789-8
- Sarah und der Findekompass • ISBN 978-3-411-70792-8
- Ein bester Freund mal zwei • ISBN 978-3-411-70796-6
- Eine Sommernacht im Zelt • ISBN 978-3-411-70800-0
- Das Gespenst aus der Kiste • ISBN 978-3-411-70805-5
- Ein blinder Passagier • ISBN 978-3-411-70807-9
- Svenja will ein Junge sein • ISBN 978-3-411-70810-9
- Ein Tag auf dem Pferdehof • ISBN 978-3-411-70816-1
- Lilli und die Riesenkrake • ISBN 978-3-411-70817-8

3. Klasse • 48 Seiten, gebunden

- Anne und der geheimnisvolle Schlüssel • ISBN 978-3-411-70787-4
- Eins zu null für Leon • ISBN 978-3-411-70784-3
- Viktor und die Fußball-Dinos • ISBN 978-3-411-70793-5
- Nelly, die Piratentochter • ISBN 978-3-411-70797-3
- Herr von Blech zieht ein • ISBN 978-3-411-70802-4
- Prinz Winz aus dem All • ISBN 978-3-411-70806-2
- Herr von Blech geht zur Schule • ISBN 978-3-411-70812-3
- Nelly und der Piratenschatz • ISBN 978-3-411-70818-5

4. Klasse • 48 Seiten, gebunden

- Der Geist aus dem Würstchenglas • ISBN 978-3-411-70794-2
- Der schlechteste Ritter der Welt • ISBN 978-3-411-70798-0
- Kira und die Hexenschuhe • ISBN 978-3-411-70803-1
- Die Inselschüler – Gefahr im Watt • ISBN 978-3-411-70808-6
- Betreten verboten! • ISBN 978-3-411-70813-0
- Zwei Jungs und eine Zicke • ISBN 978-3-411-70819-2

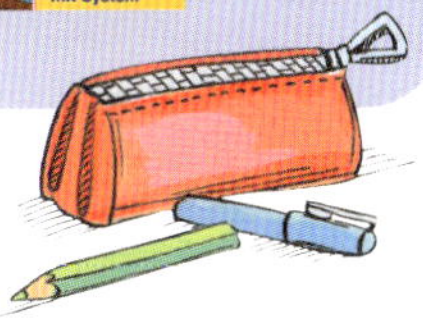

Ihre Meinung ist uns wichtig! Wie gefällt Ihnen dieses Buch?
Wir freuen uns auf Ihre Rückmeldung unter **www.duden.de/meinung**

Gefunden!
Knote den Streifen einfach
an das Lesebändchen an
und fertig ist dein Lösungsschlüssel
für die Detektivfälle!
Nur bei der richtigen Antwort
passt das abgedruckte Symbol genau
in das entsprechende Schlüsselloch.